L'Atelier d'Yvan

Jus de fruits et légumes

Cuisine à la centrifugeuse

L'Atelier d'Yvan

Jus de fruits et légumes

Cuisine à la centrifugeuse

/ Recettes : Yvan Cadiou / Photographies : Valentin et Jean-Pierre Duval /

Romain Pages Éditions

La « potion santé »

Voici une partition de recettes qui me colle vraiment à la peau. Grâce à elle en six mois j'ai perdu 12 kg sans effort en créant simplement chaque matin la « potion santé » inspirée par la corbeille de fruits et légumes posée sur ma table !

À tout âge, cette potion magique – jus de fruits, de légumes ou de fruits et légumes combinés – est idéale pour fournir à l'organisme les éléments nutritifs, vitamines et antioxydants qui lui sont nécessaires. Elle sera tout particulièrement utile à ceux qui n'aiment pas manger de légumes (il faut apprendre à les cuisiner de façon simple et savoureuse !) ou qui manquent d'appétit. Bonheur et santé dans un verre pour le bon déroulement de la journée !

Dans notre société où le travail physique a énormément diminué par rapport aux siècles passés, l'attention portée au corps est indispensable : veiller à ne pas trop le nourrir, faire de l'exercice… L'obésité qui frappe aujourd'hui adultes et enfants est un véritable fléau dû en grande partie à l'abus de « sucres ajoutés » ainsi qu'à un grignotage incessant. Or cela n'est pas une fatalité. Boire des jus de fruits et légumes le matin ou à chaque repas agit comme un « médicament », non seulement sain et utile pour le bon fonctionnement de l'organisme et pour sa vitalité, mais qui a le mérite d'anéantir toute envie de « snacking ».

Le petit déjeuner est le repas le plus important de la journée, tant pour la réflexion intellectuelle que pour le développement physique. Ma fille Alta, 13 ans, est pour moi la parfaite illustration de la nécessité de mener à bien mon « combat » pour une consommation équilibrée de fruits et légumes. Si je la laissais faire, elle partirait chaque matin à l'école après avoir seulement picoré le repas d'un moineau alors qu'une enfant de son âge, en pleine croissance, doit, pour suivre une longue journée d'étude, donner de l'énergie à son corps dès le réveil. Découvrir jour après jour les équations idéales qui me permettent, grâce à un grand verre de jus, de la nourrir tout en la divertissant, voilà ce qui motive mon travail de création !

On suggère souvent de consommer de cinq à dix portions de fruits et légumes quotidiennement. Eh bien, sachez que 25 à 40 cl de jus frais permettent de consommer environ 2/3 des vitamines et autres nutriments nécessaires pour la journée. Bien sûr il ne faut pas pour autant négliger d'inclure des fruits et légumes cuisinés entiers dans les repas, car la teneur en fibres et minéraux se trouve amoindrie dans les jus.

L'ajout de miel (sucre naturel directement assimilable par l'organisme), gelée royale, pollen ou encore de graines naturelles dans la partition de votre verre lui offrira encore d'autres vertus, pour vous construire un corps sain.

Moi qui fus un temps presque hypocondriaque, aujourd'hui, grâce à mes « potions » du matin, et bien sûr plus généralement à la façon que j'ai de me nourrir, j'ai la pêche ! ou la banane, c'est selon… Alors, santé !

Quelques conseils…

- Utilisez les fruits et légumes de saison.
- Préférez des produits peu ou non traités. Ces derniers n'ont pas à être épluchés mais seulement bien rincés. Épluchez les agrumes et quelques autres : ananas, avocat à peau épaisse, melon… Vous pouvez aussi centrifuger un agrume avec un peu de sa peau pour obtenir un goût zesté.
- N'abusez pas des agrumes le matin, leur acidité est assez agressive pour un estomac vide.
- Centrifugez les fruits et légumes si possible juste avant leur consommation : l'air et la lumière détruisent très rapidement les vitamines qu'ils contiennent. Si vous conservez le jus quelques heures, protégez-le dans une bouteille en verre fermée, avec éventuellement un peu de jus de citron ajouté en surface pour éviter l'oxydation.
- Pour épaissir un jus, ajoutez-y un peu de poudre d'amande ou de banane, mixée ou écrasée à la fourchette.
- Penchez-vous, si vous le souhaitez, sur la composition des fruits et légumes, ainsi vous saurez choisir ceux dont votre organisme a le plus besoin à tel ou tel moment de votre existence.

trucs…

- Les centrifugeuses modernes acceptent de gros morceaux de fruits ou légumes, inutile donc de détailler les produits en petits morceaux, il suffira qu'ils soient de taille adéquate pour passer dans le tube d'alimentation de la machine.
- Avocat, banane, betterave, papaye, mangue… certains ingrédients doivent être passés dans la machine en alternance avec des éléments plus durs et juteux, afin que leur pulpe épaisse soit « rincée » par le jus de ces derniers.
- Après avoir réalisé un jus, mélangez-le bien pour l'homogénéiser et l'émulsionner, le faire mousser. Après quelques minutes, certains jus peuvent se désolidariser (ce qui est dû aux densités différentes des produits), vous pouvez utiliser une cuillère en bois pour retrouver l'homogénéité du jus sans toucher à la mousse : plongez-la délicatement dans le verre et faites tourner le manche entre les paumes de vos mains.
- Pour des verres impeccables procédez à un nettoyage à la vapeur : passez le verre au-dessus du bec d'une bouilloire puis essuyez avec un torchon propre.

et remarques sur l'ouvrage

- Les recettes sont classées de la façon suivante : jus à dominante de légumes, jus de fruits et légumes combinés, jus à dominante de fruits et enfin cocktails.
- La plupart des jus étant très rapides à confectionner il n'est pas précisé de temps de préparation. Ces indications sont conservées pour les recettes de déclinaison autour des jus.
- Dans les recettes à base de jus, j'ai choisi une température de cuisson basse, pour un respect maximal des éléments nutritifs contenus dans les fruits et légumes.

x 2
50 cl environ

/ Jus de carotte croque-au-sel /

Ingrédients

- 7 jeunes carottes
  + 2 à croquer
- 2 oranges sanguines
- 1/2 de bâton de vanille
- 1 petit dé de curcuma frais ou
  1 pointe de curcuma en poudre
- quelques gouttes d'huile d'argan

Épluchez les oranges, rincez les carottes. Passez le tout à la centrifugeuse avec le curcuma frais si vous en disposez. Fendez le bâton de vanille dans la longueur et grattez-en les graines à l'aide d'un couteau, ajoutez-les au jus avec quelques gouttes d'huile d'argan et éventuellement le curcuma en poudre, mélangez au fouet. Accompagnez les verres d'une carotte croque-au-sel.

x 4 à 6

/ Cubes de gelée de carotte pour l'apéro /

Préparation : 10 minutes
Repos : 30 minutes environ

Ingrédients

- 50 cl de jus de carotte
- 2 sachets de 2 g d'agar-agar
- 1 petite branche de céleri
- quelques brins de persil
- sel et poivre

Faites chauffer la moitié du jus de carotte jusqu'à frémissement, un peu avant ébullition (environ 80 °C). Assaisonnez légèrement de sel et poivre, ajoutez quelques brins de persil et une petite branche de céleri ciselés. Ajoutez la poudre d'agar-agar, fouettez. Ôtez du feu, ajoutez le reste du jus et mélangez, versez dans un plat de taille adéquate pour obtenir l'épaisseur souhaitée pour les futurs cubes. Une fois la gelée bien refroidie, détaillez-la en cubes et servez.

/ L'agar-agar est une algue au fort pouvoir gélifiant (environ sept fois supérieur à la gélatine animale) que l'on utilise réduite en poudre. Elle fond, plongée dans un liquide à 80 °C, puis elle coagule à 25 °C, permettant la réalisation de gelées entièrement naturelles. La texture de cette gelée très ferme est agréable, et peut donner lieu à diverses variantes, comme des cocktails en gelée servis en fines lamelles. Essayez avec la *piña colada* (voir page 84) ou un *bloody Mary* (jus de tomate, vodka). /

x 2 à 3
60 cl environ

/ Fenouil tonic' /

Ingrédients

- 1 fenouil
- 2 ou 3 tomates
- 1 pomme sucrée (Golden)
- 1/2 branche de céleri
- 2 gousses de cardamome
- sel et poivre

Rincez les légumes et les fruits, passez-les à la centrifugeuse, salez et poivrez légèrement. Ouvrez les gousses de cardamome, récupérez les petites graines qu'elles contiennent, écrasez-les au pilon. Hachez finement un brin de fenouil, mélangez-le à la cardamome et décorez-en les verres de jus.

x 4
70 cl environ

/ Potage sans feu /

Ingrédients

- 2 bottes de cresson frais
- 2 pommes sucrées (Golden)
- 1 poignée de pousses de haricots mungo fraîches
- 1 fenouil
- 1 dé de gingembre frais
- sel et poivre

Ôtez le plus gros des tiges de cresson, rincez tous les ingrédients et passez-les à la centrifugeuse. Salez et poivrez, servez.

/ Les pousses de haricots mungo sont communément nommées « pousses de soja ». Il faut pourtant bien distinguer le soja jaune (*Glycine Max*) dont sont issus le tofu, les boissons au soja, etc., du haricot mungo (*Vigna Radiata*). Même si ce dernier est aussi appelé soja vert, il n'a pas la richesse en protéines qui fait la réputation du soja jaune, sa valeur nutritionnelle est plus proche de celle d'un légume vert. Vous pouvez préparer vous-mêmes vos pousses en faisant germer des haricots mungo. /

x 4 à 6

/ Granité « potage sans feu » /

Préparation : 10 minutes
Repos : 2 heures au moins

Ingrédients

- 70 cl de jus « potage sans feu »
- quelques cuillères à soupe de sucre blanc
- quelques cuillères à soupe de sirop de menthe

Versez le jus « potage sans feu » dans un récipient plat en inox, mettez au congélateur pour 2 à 3 heures. Une fois la préparation bien prise, grattez-la à la fourchette pour obtenir des paillettes. Servez ce granité ou réservez-le au congélateur.
Pour le service, mettez un peu de sucre dans une petite assiette, du sirop de menthe dans une autre. Retournez les verres dans le sirop puis dans le sucre afin de les décorer. Servez le granité dans les verres et dégustez.

x 4
70 cl environ

/ Jus « a rugola » /

Ingrédients

- 4 tomates
- 2 branches de céleri
- 2 grosses poignées de roquette
- le jus d'1/2 citron
- 1 filet d'huile d'olive
- sel et poivre

Rincez les légumes, passez-les à la centrifugeuse. Parfumez de jus de citron, d'huile d'olive, de sel et poivre, servez.

/ Le fort parfum de la salade roquette prédomine dans ce jus à l'italienne, à boire à la façon d'un gaspacho : pour un repas, accompagné d'une salade ou d'un sandwich. /

x 4 à 6

/ Risotto à la roquette et au comté /

Préparation : 10 minutes
Cuisson : 25 minutes environ

Ingrédients

- 70 cl de jus « a rugola »
- 300 g de riz arborio ou autre riz à risotto
- 125 g de comté
- 2 ou 3 tomates
- 1 oignon doux
- 1 gousse d'ail
- 1 branche de thym
- quelques brins de basilic
- 15 cl de bouillon de légumes, de volaille, ou encore une soupe diluée
- 1 filet d'huile d'olive
- sel et poivre

Épluchez l'oignon et l'ail puis hachez-les, faites-les revenir dans l'huile d'olive sans faire colorer. Ajoutez le riz et une branche de thym, mélangez puis ajoutez le bouillon. Laissez gonfler puis ajoutez le jus « a rugola » au fur et à mesure que le riz gonfle.
Coupez les tomates en dés, ciselez le basilic. Râpez le fromage.
À la fin de la cuisson du riz ajoutez le fromage râpé, laissez fondre.
Le risotto doit avoir une consistance crémeuse, ajoutez si nécessaire du jus, du bouillon ou de l'eau. Salez et poivrez. Avant de servir ajoutez les dés de tomates et le basilic haché, parfumez d'un filet d'huile d'olive.

x 4
80 cl environ

/ Soleil andalou /

Ingrédients

- 4 tomates
- 1/2 concombre
- 1/2 poivron rouge
- 1 oignon doux
- 2 gousses d'ail
- 1 morceau de pain légèrement rassis
- huile d'olive
- sel et poivre

Rincez les tomates, le concombre et le poivron épépiné. Épluchez l'oignon et l'ail. Passez le tout à la centrifugeuse,
Découpez le pain en croûtons, arrosez-les d'huile d'olive, parfumez de sel et poivre.
Servez le jus dans des verres, ajoutez quelques croûtons à l'huile, décorez d'un brin herbe.

/ L'essence même du gaspacho, au naturel, accompagné de croûtons parfumés. /

x 4 à 6

/ Granité de gaspacho et pomme rôtie /

Préparation : 20 minutes
Cuisson : 15 à 20 minutes
Repos : 2 heures au moins

Ingrédients

- 80 cl de jus « soleil andalou »
- 1 petite pomme bien parfumée par personne (par exemple des reinettes)
- 50 g de beurre

Réservez un peu de jus « soleil andalou » pour la décoration des assiettes. Versez le reste dans un récipient plat en inox, mettez au congélateur pour 2 à 3 heures. Une fois la préparation bien prise, grattez-la à la fourchette pour obtenir des paillettes. Servez ce granité ou réservez-le au congélateur.
Préchauffez le four à 180 °C. Au couteau, faites une légère incision sur le pourtour des pommes afin d'éviter qu'elles n'explosent à la cuisson. Mettez-les à cuire dans un plat à four avec une grosse noix de beurre pendant 15 à 20 minutes. Une fois refroidies, ouvrez les pommes au couteau, évidez-les un peu et placez dedans une boule de granité, replacez le chapeau.

x 4
60 cl environ

/ Vitaminex /

Ingrédients

- 1 courgette
- 1/2 concombre
- 1/2 poivron vert
- 1 branche de céleri
- 1/2 pomme acide (Granny Smith)
- 1 pomme sucrée (Golden)
- 1/2 citron vert
- sel et poivre

Rincez tous les ingrédients, épépinez le poivron, épluchez le citron à vif. Passez le tout à la centrifugeuse.
Salez et poivrez légèrement, servez avec une branche de céleri.

x 4 à 6

/ Pot-au-feu « vitaminex » de moules et palourdes /

Préparation : 15 minutes
Cuisson : 5 minutes environ

Ingrédients

- 60 cl de jus « vitaminex »
- 1,5 kg de moules
- 500 g de palourdes ou coques
- 1 petit bouquet de persil
- poivre

Nettoyez les moules et palourdes. Dans une grande cocotte, placez les coquillages avec un petit verre d'eau, dès qu'ils commencent à s'ouvrir ajoutez le jus « vitaminex » et laissez cuire 2 à 3 minutes à feu doux. Ajoutez du poivre et le persil ciselé, servez.

x 4
50 cl environ

/ Salade rouge /

Ingrédients

- 1 salade à feuilles dures (romaine)
- 3 ou 4 jeunes carottes
- 2 betteraves cuites
- 1 citron
- sel et poivre

Épluchez le citron à vif, rincez la salade et les carottes. Passez tous les ingrédients à la centrifugeuse, betterave et carotte en alternance pour « rincer » la betterave avec la chair plus ferme des carottes. Salez et poivrez légèrement, servez.

/ Vous pouvez également utiliser de la betterave crue. /

x 4 à 6

/ Risotto de betterave et laitue au pecorino /

Préparation : 10 minutes
Cuisson : 25 minutes environ

Ingrédients

- 50 cl de jus « salade rouge »
- 300 g de riz arborio ou autre riz à risotto
- 125 g de pecorino
- 1 oignon doux
- 1 betterave cuite
- 1/2 laitue
- 1 gousse d'ail
- 1 branche de thym
- quelques brins de persil
- 25 cl de bouillon de légumes, de volaille, ou encore une soupe diluée
- 1 filet d'huile d'olive
- sel et poivre

Épluchez l'oignon et l'ail puis hachez-les, faites-les revenir dans l'huile d'olive sans faire colorer. Ajoutez le riz et une branche de thym, mélangez puis ajoutez le bouillon. Laissez gonfler puis ajoutez le jus « salade rouge » au fur et à mesure que le riz gonfle.
Coupez la betterave en dés, rincez la laitue et émincez-la, ciselez le persil. Râpez le fromage. À la fin de la cuisson du riz ajoutez le fromage râpé, laissez fondre. Le risotto doit avoir une consistance crémeuse, ajoutez si nécessaire du jus, du bouillon ou de l'eau. Salez et poivrez. Avant de servir ajoutez les dés de betterave, la laitue et le persil haché, parfumez d'un filet d'huile d'olive.

/ Parsemez le risotto de noix, noisettes ou amandes hachées. /

x 4
60 cl environ

/ Mettez-vous au vert /

Ingrédients

- 2 avocats
- 1 concombre
- 1/2 poivron vert
- 1/2 pamplemousse
- sel et poivre

Épluchez les avocats et ôtez les noyaux, pelez le pamplemousse à vif. Rincez le concombre et le poivron épépiné. Passez le tout à la centrifugeuse, salez et poivrez, servez.

/ Une soupe froide crue... qui l'eut cru ! /

x 4

Préparation : 10 minutes
Cuisson : 5 minutes environ

/ Poitrine de poulet pochée au bouillon d'avocat infusé de coriandre fraîche /

Ingrédients

- 60 cl de jus « mettez-vous au vert »
- 4 blancs de poulet fermier
- 2 cuillères à soupe de pistaches
- 1 petit bouquet de coriandre fraîche
- 1 petite cuillère à café de curry
- sel et poivre

Détaillez le poulet en dés ou en lamelles, vous ajusterez le temps de cuisson en fonction de la taille des morceaux.
Dans une casserole versez le jus « mettez-vous au vert », ajoutez la coriandre ciselée, faites chauffer à feu doux (50 °C maximum), ajoutez le poulet et le curry, laissez cuire quelques minutes.
Ajoutez les pistaches avant de servir.

/ Le jus de cuisson comprenant de l'avocat, la matière grasse qu'il contient suffit à la cuisson. /
/ Accompagnez d'un riz basmati, de boulgour ou d'épeautre. /

x 4
60 cl environ

/ Potager glacé /

Ingrédients

- 1/2 fenouil
- 1/2 poivron vert
- 1 pomme sucrée (Golden)
- 1 petite poignée de haricots verts
- 1 branche de céleri
- 1/2 citron
- sel et poivre

Rincez les légumes et la pomme, épépinez le poivron, épluchez le citron à vif. Passez le tout à la centrifugeuse, salez et poivrez, servez.

/ Servez ce jus très frais, ou même glacé au sortir du congélateur. /

x 4

/ Pavé de cabillaud poché au jus « potager glacé » /

Préparation : 15 minutes
Cuisson : 20 minutes environ

Ingrédients

- 60 cl de jus « potager glacé »
- 500 à 600 g de cabillaud, merlan ou autre poisson blanc
- 200 g de haricots verts
- 100 g d'amandes
- quelques brins de persil frais
- 20 g de beurre demi-sel
- sel et poivre

Équeutez les haricots verts, coupez-les en trois. Versez le jus « potager glacé » dans une casserole, ajoutez un peu de sel et les haricots verts. Laissez cuire environ 15 minutes à feu doux (50 °C maximum). Hachez grossièrement les amandes. Détaillez le poisson en cubes moyens, mettez-le à pocher dans le jus, ajoutez les amandes hachées, laissez cuire 3 à 4 minutes. Servez avec un peu de persil ciselé et quelques copeaux de beurre demi-sel.

/ Accompagnez de pommes de terre cuites à la vapeur. /

x 2 à 3
50 cl environ

/ Du peps dans l'vert /

Ingrédients

- 1 pomme acide (Granny Smith)
- 1 pomme sucrée (Golden)
- 1/2 concombre
- 1 citron vert
- 1 branche de céleri
- quelques brins de persil avec leur tige
- 1 cuillère à soupe de poudre d'amande ou 1/2 banane

Rincez les fruits et légumes, sauf le citron que vous épluchez à vif, passez-les à la centrifugeuse. Si vous souhaitez un jus plus épais ajoutez 1 cuillère à soupe de poudre d'amande ou 1/2 banane écrasée, servez.

/ Le persil contient beaucoup de vitamine C, n'hésitez pas à en parfumer les jus du matin. /

x 4 à 6

/ Marmite de saumon, petits pois carottes, avec du peps ! /

Préparation : 20 minutes
Cuisson : 20 minutes

Ingrédients

- 50 cl de jus « du peps dans l'vert »
- 600 g de saumon frais
- 500 g de petits pois frais
- 4 belles carottes
- 10 pièces de tomates séchées
- 1 petit bouquet de coriandre fraîche
- 1 bon filet d'huile d'olive
- sel et poivre

Détaillez le saumon en cubes moyens.
Écossez les petits pois, épluchez les carottes et coupez-les en fines rondelles. Dans une casserole, versez le jus « du peps dans l'vert », ajoutez les carottes, les petits pois et les tomates séchées, assaisonnez légèrement. Laissez cuire à feu doux (50 °C maximum) pendant environ 15 minutes. Ajoutez le saumon et laissez cuire 5 minutes. Rectifiez l'assaisonnement, arrosez d'un filet d'huile d'olive puis ajoutez de la coriandre fraîche ciselée.

x 4
70 cl environ

/ Radis & Cie /

Ingrédients

- 2 belles bottes de radis
- 4 carottes
- 1 pomme acide (Granny Smith)
- 1 pomme sucrée (Golden)
- 1 petite orange
- 1/2 pamplemousse
- quelques gouttes d'huile d'argan
- poivre

Épluchez les agrumes à vif, rincez les autres fruits et légumes, passez le tout à la centrifugeuse.
Parfumez les verres de quelques gouttes d'huile d'argan et d'un peu de poivre.

/ Si elle est très réputée pour ses vertus cosmétiques, l'huile d'argan est également précieuse en cuisine.
Particulièrement riche en acides gras essentiels, très nutritive et parfumée, elle est à utiliser avec parcimonie. /

/ De la pomme dans les jus de légumes, de quoi équilibrer les goûts pour que petits et grands apprécient les légumes. /

x 4
50 cl environ

/ Vif ! /

Ingrédients

- 1 grosse poignée de haricots verts
- 1 poignée de pousses haricots mungo fraîches (voir page 10)
- 3 kiwis
- 1 petit bouquet de persil
- sel et poivre

Rincez légumes et fruits et passez le tout à la centrifugeuse, salez et poivrez légèrement. Dégustez ce vert intense !

x 4
80 cl environ

/ Tomato'choc /

Ingrédients

- 4 ou 5 tomates Pendelotte
- 1 fenouil
- 1/2 poire
- 1/2 citron
- quelques brins de basilic frais

Rincez les tomates, le fenouil, la poire et le basilic, épluchez le citron à vif. Passez tous les ingrédients à la centrifugeuse, servez.

x 4 à 6

/ Taboulé tomate fenouil au jus « tomato'choc » /

Préparation : 15 minutes
Repos : 45 à 60 minutes

Ingrédients

- 80 cl de jus « tomato'choc »
- 500 g de boulgour fin
- 5 ou 6 tomates
- 1 ou 2 fenouils
- quelques jeunes branches de céleri
- quelques feuilles de basilic frais
- 1 grosse poignée d'olives noires
- le jus d'1 citron
- 1 filet d'huile d'olive
- sel et poivre

Placez le boulgour dans un saladier, arrosez-le du jus « tomato'choc » et laissez gonfler environ 45 à 60 minutes. Rincez les tomates et le fenouil, découpez-les très finement. Assaisonnez le fenouil de sel et poivre, arrosez de jus de citron. Décorez le boulgour de rondelles de tomates, de fenouil, de branches de céleri et feuilles de basilic. Ajoutez quelques olives, arrosez d'un filet de citron et d'huile d'olive.

x 4
60 cl environ

/ Martien /

Ingrédients

- 500 g de melon jaune
- 2 avocats
- 1/2 concombre
- 1 citron vert

Épluchez et épépinez le melon, pelez le citron vert à vif. Ôtez le noyau des avocats, sans les éplucher si ce sont des avocats à peau verte fine. Coupez tous les ingrédients en gros morceaux, passez-les dans la centrifugeuse en alternant l'avocat avec les autres ingrédients et terminez par du melon afin de bien récupérer le jus d'avocat. Servez et dégustez ce goût venu d'ailleurs.

x 4 à 6

/ Sorbet « martien » au sirop d'érable /

Préparation : 15 minutes en sorbetière ou 5 heures environ au congélateur

Ingrédients

- 60 cl de jus « martien »
- quelques cuillères à soupe de sirop d'érable

Passez le jus « martien »en sorbetière pendant 15 minutes environ. Ou bien placez-le dans un plat en inox, pour une bonne conduction du froid, et laissez prendre au congélateur 2 à 3 heures. Une fois bien dure, cassez la préparation en morceaux et passez-la au robot jusqu'à consistance moelleuse. Remettez-la dans le plat inox bien froid et placez au congélateur pendant au moins 2 heures. Servez le sorbet dans des verres ou des coupes. Arrosez de sirop d'érable.

x 4
60 cl environ

/ 3 en 1 /

Ingrédients

- 2 ou 3 poignées de pousses de haricots mungo fraîches (voir page 10)
- 4 ou 5 carottes
- 3 oranges

Épluchez les oranges à vif. Rincez les carottes et les pousses de haricots mungo. Passez le tout à la centrifugeuse, servez.

x 4 à 6

/ Taboulé « 3 en 1 » aux crudités /

Préparation : 20 minutes
Repos : 45 à 60 minutes

Ingrédients

- 60 cl de jus « 3 en 1 »
- 400 g de boulgour fin
- 1 botte de cresson
- 4 belles carottes
- 2 poivrons verts
- 100 g de raisins secs
- 1 citron vert
- 1 filet d'huile d'olive
- sel et poivre

Placez le boulgour dans un saladier, arrosez-le du jus « 3 en 1 » et laissez gonfler 45 à 60 minutes. Placez les raisins secs dans une casserole, couvrez-les d'eau à hauteur, portez à ébullition puis éteignez le feu et laissez gonfler les raisins. Dans une casserole, mettez les tomates séchées, couvrez d'eau, portez à ébullition, laissez cuire 4 à 5 minutes puis égouttez. Mettez-les à mariner avec de l'huile d'olive et du citron. Rincez le cresson, les poivrons et les carottes. Râpez les carottes, détaillez les poivrons épépinés en fines lamelles, hachez grossièrement les tomates séchées. Mélangez le tout au boulgour gonflé, salez et poivrez. Disposez le taboulé dans un saladier entouré de feuilles de cresson, ajoutez les raisins gonflés et le citron vert en quartiers. Arrosez d'un bon filet d'huile d'olive.

/ Accompagnez le taboulé d'une salade de pousses de haricots mungo fraîches. /

x 4
50 cl environ

/ Réveille-matin /

Ingrédients

- 8 ou 9 jeunes carottes
- 1 pomme de votre choix
- 1/2 citron

Rincez les carottes et la pomme, épluchez le citron à vif. Passez le tout à la centrifugeuse, servez.

/ Adoptez ce jus tous les matins au réveil, simple et efficace. /

x 4
70 cl environ

/ Cœur bonheur /

Ingrédients

- 3 ou 4 tomates Cœur de bœuf
- 1/2 concombre
- 1 pomme sucrée (Golden)

Rincez tous les ingrédients et passez-les à la centrifugeuse, servez.

/ Tomate de gros calibre, la Cœur de bœuf doit son nom à sa forme. Sa chair délicieuse est très fine et pratiquement sans graines. Comme la plupart des tomates elle s'apprécie aussi bien crue que cuite, en solo ou associée à d'autres légumes. /

x 4
50 cl environ

/ Sucré salé /

Ingrédients

- 1 melon (charentais, de Cavaillon)
- 2 branches de céleri
- 1/2 poivron rouge
- 1/2 citron
- sel et poivre

Épluchez et épépinez le melon, pelez le citron à vif, rincez le céleri et le poivron épépiné. Passez le tout à la centrifugeuse, salez et poivrez, servez.

/ Choisissez un melon bien lourd, gorgé de sève, de soleil et donc de sucre. Un petit éclatement de la peau visible à la base ainsi qu'un pédoncule prêt à se détacher signifient que le melon est à point. Ouvrez l'œil ! /

x 4 à 5

/ Sorbet « sucré salé » au chocolat noir râpé /

Préparation : 5 minutes
Repos : 15 minutes en sorbetière
ou 5 heures environ au congélateur

Ingrédients

- 50 cl de jus « sucré salé »
- quelques carrés de chocolat noir à 70 % de cacao
- 1 filet d'huile d'olive

Passez le jus « sucré salé » en sorbetière pendant 15 minutes environ. Ou bien placez-le dans un plat en inox, pour une bonne conduction du froid, et laissez prendre au congélateur 2 à 3 heures. Une fois bien dure, cassez la préparation en morceaux et passez-la au robot jusqu'à consistance moelleuse. Remettez-la dans le plat inox bien froid et placez au congélateur pendant au moins 2 heures. Servez le sorbet dans des coupes ou des demi-melons évidés, arrosez d'un filet d'huile d'olive et saupoudrez de chocolat râpé.

x 4
60 cl environ

/ Couleur d'été /

Ingrédients

- 2 tomates
- 1 poivron rouge
- 1 pomme de votre choix
- 1 orange sanguine ou orange
- 1/2 citron

Épluchez les oranges et citron à vif, rincez les tomates, la pomme et le poivron épépiné. Passez le tout à la centrifugeuse, servez.

x 6 à 8

/ Potage purée de carotte pomme de terre, au jus « couleur d'été » /

Préparation : 10 minutes
Cuisson : 25 minutes

Ingrédients

- 60 cl de jus « couleur d'été »
- 500 g de carottes
- 1 kg de pommes de terre à purée
- 1 filet d'huile d'olive
- sel et poivre

Épluchez les légumes, mettez-les à cuire dans une casserole avec un peu d'eau. Une fois cuits, égouttez-les, remettez-les dans la casserole et écrasez-les au presse-purée à main.
Au moment de servir, ajoutez sur la purée chaude le jus « couleur d'été » fraîchement pressé, salez, poivrez et parfumez d'un filet d'huile d'olive.

/ Le jus, versé froid sur la purée chaude, est ainsi à peine tiédi et conserve toutes ses vitamines. /

x 4
50 cl environ

/ Poivron de Chine /

Ingrédients

- 1 poivron rouge
- 1 nashi (poire de Chine)
- 1/2 fenouil
- 1/2 citron

Épluchez le citron à vif, rincez le nashi, le fenouil et le poivron épépiné. Passez le tout à la centrifugeuse, servez.

/ Le nashi, originaire des régions tempérées d'Extrême-Orient, est aussi appelé pomme-poire, poire asiatique, poire japonaise ou poire des sables ! C'est un fruit à la fois croquant et juteux. /

x 4 ou 5

/ Granité « poivron de Chine » au pamplemousse en chemise /

Préparation : 20 minutes
Repos : 2 heures au moins

Ingrédients

- 50 cl de jus « poivron de Chine »
- 1 pamplemousse par personne

Versez le jus « poivron de Chine » dans un récipient plat en inox, mettez au congélateur pour 2 à 3 heures. Une fois la préparation bien prise, grattez-la à la fourchette pour obtenir des paillettes. Servez ce granité ou réservez-le au congélateur.
Coupez le bas des pamplemousses afin qu'ils soient bien stables, et le haut en conservant les chapeaux. Évidez-les à l'aide d'un petit couteau et découpez la chair en fines rondelles. Disposez-les dans les pamplemousses évidés, ajoutez une grosse boule de granité et refermez avec les chapeaux.

x 4
80 cl environ

/ Bali plage /

Ingrédients

- 1 ananas
- 1 pomme de votre choix
- 1 bouquet de menthe
- 3 cuillères à soupe de poudre d'amande
- 2 cuillères à café de pistaches
- 2 lamelles de gingembre confit
- quelques gouttes de jus de citron vert

Épluchez l'ananas, rincez la pomme et la menthe. Passez à la centrifugeuse les fruits et la moitié du bouquet de menthe, ajoutez la poudre d'amande, parfumez de quelques gouttes de jus de citron vert. Hachez les pistaches et le gingembre confit. Ciselez la menthe restant et ajoutez-la au jus. Servez dans des verres et décorez de pistaches et gingembre hachés.

/ À Bali on apprécie tout particulièrement l'ananas généreusement parfumé de menthe. Si celui-ci n'est pas suffisamment mûr, ajoutez à ce cocktail 1 cuillère à soupe de miel. Vous pouvez également parfumer d'ananas confit ou séché. /

x 4 à 6

/ Sorbet « Bali plage » aux pistaches et amandes caramélisées /

Préparation : 5 minutes
Repos : 15 minutes en sorbetière ou 5 heures environ au congélateur

Ingrédients

- 80 cl de jus « Bali plage »
- 2 poignées de pistaches
- 2 poignées d'amandes non émondées
- 1 grosse cuillère à soupe de sucre naturel (non raffiné, bio…)
- 1 noix de beurre

Passez le jus « Bali plage » en sorbetière pendant 15 minutes environ. Ou bien placez-le dans un plat en inox, pour une bonne conduction du froid, et laissez prendre au congélateur 2 à 3 heures. Une fois bien dure, cassez la préparation en morceaux et passez-la au robot jusqu'à consistance moelleuse. Remettez-la dans le plat inox bien froid et placez au congélateur pendant au moins 2 heures. Dans une poêle, faites fondre le beurre et le sucre, ajoutez les amandes et faites caraméliser pendant 1 à 2 minutes, laissez refroidir puis concassez-les grossièrement au couteau. Servez le sorbet décoré de pistaches et amandes.

x 4
60 cl environ

/ Élixir de cerises /

Ingrédients

- 500 g de cerises
- 1 nashi (poire de Chine)
- 1 pomme sucrée (Golden)
- 1 poignée de pousses de haricots mungo fraîches (voir page 10)
- 1/2 citron vert
- 1 sachet de sucre vanillé

Rincez les fruits et les pousses de haricots mungo, épluchez le citron vert à vif, passez le tout à la centrifugeuse. Les cerises doivent être placées entières dans la centrifugeuse à l'arrêt, puis mettez celle-ci en marche. Ajoutez un sachet de sucre vanillé, servez.

/ À défaut de nashi utilisez simplement une ou deux pommes ou poires. /

x 4 à 6

/ Milk-shake de cerises et crème de soja épaisse /

Préparation : 5 minutes
Repos : 30 minutes environ

Ingrédients

- 60 cl de jus « élixir de cerises »
- 4 yaourts au soja

Placez les yaourts au congélateur jusqu'à ce qu'ils soient bien durcis. Mettez-les dans un robot blender avec le jus « élixir de cerises », mixez et servez très frais.

x 4
90 cl environ

/ Mode été hiver d'Chin' /

Ingrédients

- 4 pêches
- 4 ou 5 carottes
- 2 oranges
- 1 bâton de citronnelle fraîche (magasins asiatiques)
- 1 dé de gingembre frais

Rincez pêches et carottes, coupez les pêches en deux pour en ôter les noyaux, épluchez les oranges à vif. Passez tous les ingrédients à la centrifugeuse et servez, tchin-tchin !

/ La citronnelle ou *lemon grass* est très prisée des cuisiniers thaïs ou vietnamiens qui emploient le cœur de ses tiges pour parfumer leurs plats. Placées dans le bac à légumes du réfrigérateur, les tiges de citronnelle se conservent 4 à 5 jours environ. La citronnelle congelée est un bon produit de remplacement, contrairement à la citronnelle sèche qui a peu de goût. /

 x 4 à 6

/ Taboulé de pêche et menthe au jus « mode été hiver d'Chin' » /

Préparation : 20 minutes
Repos : 45 à 60 minutes

Ingrédients

- 90 cl de jus « mode été hiver d'Chin' »
- 500 g de boulgour fin
- 4 pêches
- 4 oranges
- 2 petites poignées de pistaches
- 1 grosse poignée de raisins secs
- quelques lamelles de banane séchée
- 1 morceau de gingembre frais ou confit (facultatif)
- miel
- quelques feuilles de menthe fraîche
- le jus d'1 orange ou d'1 citron 1/2
- 1 filet d'huile d'olive

Placez le boulgour dans un saladier, arrosez-le du jus « mode été hiver d'Chin' » et laissez gonfler 45 à 60 minutes.
Placez les raisins secs dans une casserole avec 1 ou 2 cuillères à soupe de miel et un peu d'eau. Portez à ébullition puis éteignez le feu et laissez gonfler.
Épluchez les oranges à vif, coupez-les en rondelles. Découpez les pêches en quartiers.
Présentez le boulgour avec les tranches d'orange et de pêche. Ajoutez des pistaches, des tranches de banane séchée et des raisins gonflés au miel puis décorez de feuilles de menthe. Arrosez de jus d'orange ou de citron, d'un filet d'huile d'olive. Ajoutez un filet de miel et accompagnez si vous le souhaitez de lamelles de gingembre frais ou confit.

x 4
90 cl environ

/ Été indien /

Ingrédients

- 1 grosse grappe de raisin blanc
- 3 poires
- 2 kiwis + 1 pour la décoration
- 1/2 citron
- quelques feuilles de menthe

Rincez les fruits en frottant bien les kiwis. Passez le raisin égrappé, les poires et deux des kiwis à la centrifugeuse. Servez et décorez les verres de fines rondelles de kiwi épluché et d'une feuille de menthe. Arrosez de quelques gouttes de citron pour éviter l'oxydation.

x 4 à 6

/ Granité « été indien » aux raisins secs confits dans le miel /

Préparation : 10 minutes
Repos : 2 heures au moins

Ingrédients

- 90 cl de jus « été indien »
- 2 grosses poignées de raisins secs
- 2 ou 3 cuillères à soupe de miel de votre choix

Versez le jus « été indien » dans un récipient plat en inox, mettez au congélateur pour 2 à 3 heures. Une fois la préparation bien prise, grattez-la à la fourchette pour obtenir des paillettes. Servez ce granité ou réservez-le au congélateur.
Placez les raisins secs dans une casserole avec 2 ou 3 cuillères à soupe de miel et couvrez-les d'eau à hauteur. Portez à ébullition puis éteignez le feu et laissez gonfler les raisins. Servez le granité, ajoutez quelques raisins et une petite cuillère à café de miel.

/ Utilisez selon l'envie du raisin blanc ou noir. Le kiwi apporte une bonne dose de vitamine C et vient donner de l'acidulé à la douceur de la poire. /

x 4
60 cl environ

/ Barbare /

Ingrédients

- 4 figues de Barbarie
- 4 prunes
- 2 petites pommes de votre choix
- 1 petite grappe de raisin blanc
- 1/2 citron vert

Épluchez les figues de barbarie et le citron, rincez le raisin, les pommes et prunes, dénoyautez ces dernières. Passez le tout à la centrifugeuse, servez.

/ Les figues de Barbarie sont des fruits ovoïdes de couleur pourpre plus ou moins foncée, ou vert jaunâtre avec des nuances de rouge. Ils contiennent une pulpe juteuse et sucrée de même couleur, truffée de petites graines. Riches en vitamine C, beaucoup de variétés de figues de Barbarie sont épineuses ; il faut retirer ces aiguillons, ou la peau du fruit, avant de le consommer, généralement frais. /

x 4
70 cl environ

/ Rose bonbon /

Ingrédients

- 300 g de framboises
- 3 poires William
- 1/2 pamplemousse

Rincez rapidement les framboises pour ne pas qu'elles se gorgent d'eau. Rincez les poires, épluchez le pamplemousse à vif. Passez tous les ingrédients à la centrifugeuse, servez.

x 4 à 6

/ Cubes de gelée aux framboises emprisonnées /

Préparation : 10 minutes
Repos : 30 minutes environ

Ingrédients

- 70 cl de jus « rose bonbon »
- 250 g de framboises
- 1 cuillère à soupe de sirop d'érable
- 2 sachets de 2 g d'agar-agar (voir page 6)
- 1 sachet de sucre vanillé

Rincez rapidement les framboises pour ne pas qu'elles se gorgent d'eau. Faites chauffer la moitié du jus « rose bonbon » avec le sirop d'érable et le sucre vanillé, jusqu'à frémissement, un peu avant ébullition (environ 80 °C). Ajoutez la poudre d'agar-agar, fouettez. Ôtez du feu, ajoutez le reste du jus, et mélangez. Versez dans un plat de taille adéquate pour obtenir l'épaisseur souhaitée pour les futurs cubes. Ajoutez les framboises, laissez refroidir puis découpez en cubes ou lamelles.

/ Variante au champagne : suivez la même recette avec, pour 70 cl de liquide, moitié de jus et moitié de champagne, ajouté froid. /

x 4
60 cl environ

/ Rouge bonbon /

Ingrédients

- 300 g de fraises
- 3 petites carottes
- 1/4 d'ananas

Rincez rapidement les fraises, épluchez le quart d'ananas, rincez les carottes. Passez tous les ingrédients à la centrifugeuse, servez.

x 4 à 6

/ Cubes de gelée aux morceaux de fraise incrustés /

Préparation : 10 minutes
Repos : 30 minutes environ

Ingrédients

- 60 cl de jus « rouge bonbon »
- 200 g de fraises
- 1 cuillère à soupe de sirop d'érable
- 2 sachets de 2 g d'agar-agar (voir page 6)
- 1 sachet de sucre vanillé
- quelques feuilles de menthe fraîche

Rincez rapidement les fraises, équeutez-les et coupez-les en deux ou trois selon leur taille. Faites chauffer la moitié du jus avec le sirop d'érable et le sucre vanillé, jusqu'à frémissement, un peu avant ébullition (environ 80 °C). Ajoutez la poudre d'agar-agar, fouettez. Ôtez du feu, ajoutez le reste du jus et mélangez. Versez dans un plat de taille adéquate pour obtenir l'épaisseur souhaitée pour les futurs cubes. Ajoutez les fraises et des feuilles de menthe, laissez refroidir puis découpez en cubes ou lamelles (photo ci-dessous).

/ Variante au champagne : suivez la même recette avec, pour 60 cl de liquide, moitié de jus et moitié de champagne, ajouté froid. /

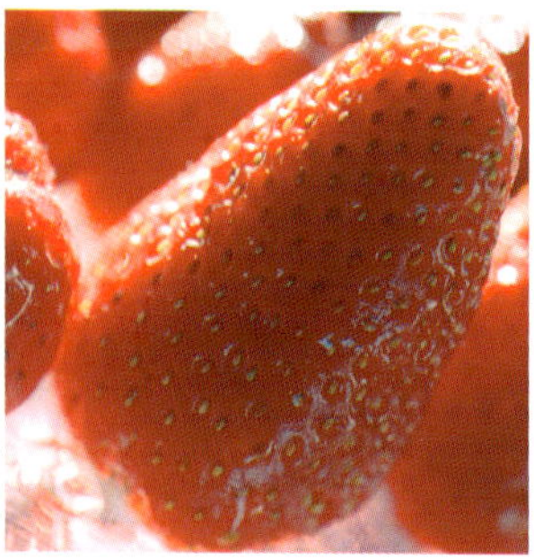

x 4
70 cl environ

/ Bali Bali /

Ingrédients

- 3 avocats
- 2 pommes sucrées (Golden)
- 2 clémentines
- 2 oranges
- 2 cuillères à soupe de cacao amer

Épluchez les clémentines et les oranges à vif. Ôtez le noyau des avocats, sans les éplucher si ce sont des avocats à peau verte fine. Rincez les pommes. Coupez les fruits en gros morceaux, passez-les dans la centrifugeuse en alternant l'avocat et les autres ingrédients, terminez avec de la pomme afin de bien récupérer le jus d'avocat. Ajoutez le cacao à ce jus, mélangez et servez.

/ L'avocat est un fruit délicieusement velouté, ici en un mariage osé mais heureux avec l'amertume du chocolat. /

x 4
80 cl environ

/ Pink /

Ingrédients

- 500 g de fraises
- 500 g de melon vert
- 1/2 citron vert
- quelques brins de basilic frais

Épluchez et épépinez le melon, pelez le citron vert à vif, rincez les fraises. Passez le tout à la centrifugeuse. Servez et parfumez les verres de basilic haché.

x 4
80 cl environ

/ Yo papa ! /

Ingrédients

- 1 papaye
- 500 g de melon vert
- 1 pomme sucrée (Golden)
- 1 dé de gingembre frais

Épluchez le melon et la papaye en ôtant le plus gros des pépins. Rincez la pomme. Passez le tout à la centrifugeuse, servez.

x 4 à 5

/ Bâtons de sorbet « yo papa ! » /

Préparation : 15 minutes en sorbetière ou 5 heures environ au congélateur

Ingrédients

- 80 cl de jus « yo papa ! »

Passez le jus en sorbetière pendant 15 minutes environ, moulez ensuite dans des moules fantaisie en forme de bâtonnets. Ou bien placez le jus dans un plat en inox, pour une bonne conduction du froid, et laissez prendre au congélateur 2 à 3 heures. Une fois bien dure, cassez la préparation en morceaux et passez-la au robot jusqu'à consistance moelleuse. Versez-la dans des moules fantaisie et placez au congélateur pendant au moins 2 heures.

x 4
60 cl environ

/ Dans les vignes /

Ingrédients

- 1/2 melon (charentais, de Cavaillon)
- 1 grosse grappe de raisin noir
- 1 banane
- 1/2 citron
- 5 cl de lait de coco

Épluchez le melon, la banane et le citron, épépinez le melon. Rincez le raisin et égrappez-le. Passez le tout à la centrifugeuse en commençant par la banane afin que sa pulpe soit « rincée » par le jus des autres fruits. Ajoutez le lait de coco, mélangez et servez.

/ Mangez du raisin ! Ses vertus sont célébrées depuis l'Antiquité. Quant à la cure de raisin, elle est réputée depuis des décennies pour régénérer l'organisme, alors n'hésitez pas... /

x 4
60 cl environ

/ J'ai la banane /

Ingrédients

- 4 bananes
- 2 oranges
- 4 clémentines
- 1/2 citron vert
- 1 banane séchée
- 2 morceaux de gingembre confit
- 1/2 bâton de vanille

Épluchez les agrumes à vif, pelez les bananes. Fendez le bâton de vanille dans la longueur et grattez-en les graines à l'aide d'un couteau. Passez les fruits à la centrifugeuse, ajoutez au jus les graines de vanille, fouettez. Coupez en lamelles la banane séchée et le gingembre confit et décorez-en les verres.

x 4 à 5

/ Glace « j'ai la banane » au lait concentré /

Préparation : 5 minutes
Repos : 15 minutes en sorbetière
ou 5 heures environ au congélateur

Ingrédients

- 60 cl de jus « j'ai la banane »
- 1 tube de lait concentré non sucré
- 1 poignée de lamelles de banane séchée
- 1 grosse poignée de biscuits Amaretto

Mélangez le jus « j'ai la banane » et le lait concentré. Passez le mélange en sorbetière pendant 15 minutes environ en ajoutant, 2 ou 3 minutes avant la fin, des morceaux de banane séchée et les Amaretto grossièrement concassés. Ou bien placez-le dans un plat en inox, pour une bonne conduction du froid, et laissez prendre au congélateur 2 à 3 heures. Une fois bien dure, cassez la préparation en morceaux et passez-la au robot jusqu'à consistance moelleuse. Remettez-la dans le plat inox bien froid et placez au congélateur pendant au moins 2 heures. Lorsque la prise de la glace est presque achevée, environ 1 heure après l'avoir mixée, ajoutez de la banane séchée et des Amaretto grossièrement concassés.

x 4
60 cl environ

/ Jaune paille /

Ingrédients

- 400 g de melon jaune
- 1 pamplemousse
- 1/2 poire William
- 1/2 pomme acide (Granny Smith)
- 1 dé de gingembre
- 1/2 bâton de citronnelle (magasins asiatiques)
- 1 pointe de curcuma

Épluchez et épépinez le melon, pelez le pamplemousse à vif, rincez la poire et la pomme. Passez tous les fruits à la centrifugeuse ainsi que le gingembre et la citronnelle, colorez au curcuma, servez.

x 4

/ Milk-shake banane et jus « jaune paille » /

Préparation : 5 minutes
Repos : 30 minutes environ

Ingrédients

- 60 cl de jus « jaune paille »
- 4 yaourts au soja

Placez les yaourts au congélateur jusqu'à ce qu'ils soient bien durcis. Mettez-les dans un robot blender avec le jus « jaune paille », mixez et servez très frais.

x 4
60 cl environ

/ M & M /

Ingrédients

- 1/2 melon (charentais, de Cavaillon)
- 200 à 300 g de melon jaune
- 1/2 mangue
- 1/2 pamplemousse
- 1/2 citron

Épluchez et épépinez les melons, épluchez la mangue, pelez le pamplemousse et le citron à vif. Passez le tout à la centrifugeuse, servez.

/ N'hésitez pas à servir dans un verre à pied… /

x 4 à 5

/ Sorbet M & M /

Préparation : 15 minutes
Repos : 15 minutes en sorbetière ou 5 heures environ au congélateur

Ingrédients

- 60 cl de jus « M &M »
- 1 mangue
- 1 melon (charentais, de Cavaillon)
- le jus d'1/2 citron vert

Passez le jus « M & M » en sorbetière pendant 15 minutes environ. Ou bien placez-le dans un plat en inox, pour une bonne conduction du froid, et laissez prendre au congélateur 2 à 3 heures. Une fois bien dure, cassez la préparation en morceaux et passez-la au robot jusqu'à consistance moelleuse. Remettez-la dans le plat inox bien froid et placez au congélateur pendant au moins 2 heures.
Épluchez et épépinez le melon, mixez-le en jus onctueux, parfumez de jus de citron vert. Épluchez la mangue et taillez-la en lamelles. Servez le sorbet accompagné de lamelles de mangue et nappé de coulis de melon.

x 4
50 cl environ

/ Piña colada /

Ingrédients

- 1/2 gros ananas
- 25 cl de lait de coco
- 10 cl de rhum blanc
- 5 cl de sirop de canne à sucre
- 1/2 bâton de vanille

Épluchez le demi-ananas, passez-le à la centrifugeuse. Fendez le bâton de vanille dans la longueur et grattez-en les graines à l'aide d'un couteau. Ajoutez au jus d'ananas le lait de coco, le rhum, le sirop de canne à sucre et les graines de vanille, fouettez.
Servez accompagné de glaçons ou de glace pilée si vous préférez un cocktail bien frais.

x 4 à 6

/ En sorbet avec tranches d'ananas et noix de coco candy /

Préparation : 5 minutes
Repos : 15 minutes en sorbetière ou 5 heures environ au congélateur

Ingrédients

- 50 cl de *piña colada*
- 1/4 d'ananas frais
- quelques lamelles de noix de coco sucrées (magasins asiatiques)
- 20 cl de lait de coco

Passez la *piña colada* en sorbetière pendant 15 minutes environ. Ou bien placez-la dans un plat en inox, pour une bonne conduction du froid, et laissez prendre au congélateur 2 à 3 heures. Une fois bien dure, cassez la préparation en morceaux et passez-la au robot jusqu'à consistance moelleuse. Remettez-la dans le plat inox bien froid et placez au congélateur pendant au moins 2 heures.
Épluchez l'ananas, détaillez-le en tranches fines. Versez un peu de lait de coco en fond de coupes, ajoutez des boules de sorbet et accompagnez de tranches d'ananas frais et de lamelles de noix de coco.

/ Pour le lait de coco, utilisez du lait tout prêt ou confectionnez-le vous-même en passant à la centrifugeuse de la chair de noix de coco fraîche. /

x 4
50 cl environ

/ Cognac soleil /

Ingrédients

- 1 grosse mangue
- 4 ou 5 carottes
- 1/2 citron vert
- 10 cl de cognac vanillé

Rincez les carottes, coupez la mangue en quatre et ôtez-en le noyau. Épluchez les quartiers de mangue et le citron. Passez le tout à la centrifugeuse, parfumez ensuite au cognac vanillé, servez.

/ J'ai utilisé pour ce cocktail le cognac Meukow VS Vanilla. Servez accompagné de glaçons ou de glace pilée si vous préférez un cocktail bien frais. Vous pouvez également créer une variante avec du Schweppes. /

x 4
60 cl environ

/ Cocktail Geneviève /

Ingrédients

- 2 kiwis
- 1/4 d'ananas
- 1 pomme acide (Granny Smith)
- 1 pomme sucrée (Golden)
- 1 morceau de bâton de citronnelle (magasins asiatiques)
- 10 cl de cognac

Épluchez l'ananas, rincez les pommes et kiwis en frottant bien ces derniers. Passez les fruits et la citronnelle à la centrifugeuse puis parfumez de cognac, servez.

/ Un cocktail parfumé au cognac Frapin, en hommage à Geneviève Cointreau qui a longtemps participé à l'élaboration de ces nectars. Une femme merveilleuse pour laquelle j'ai une très grande admiration, et descendante de François Rabelais, rien de moins ! /

x 4 à 6

/ Sorbet Geneviève au sirop d'ananas /

Préparation : 15 minutes
Repos : 15 minutes en sorbetière ou 5 heures environ au congélateur

Ingrédients

- 60 cl de « cocktail Geneviève »
- 1/2 ananas
- 150 g de sucre naturel (non raffiné, bio...)
- quelques feuilles de menthe fraîche

Passez le cocktail Geneviève en sorbetière pendant 15 minutes environ. Ou bien placez-le dans un plat en inox, pour une bonne conduction du froid, et laissez prendre au congélateur 2 à 3 heures. Une fois bien dure, cassez la préparation en morceaux et passez-la au robot jusqu'à consistance moelleuse. Remettez-la dans le plat inox bien froid et placez au congélateur pendant au moins 2 heures.
Présentez le sorbet dans un ananas évidé. Passez à la centrifugeuse le 1/2 ananas, faites chauffer le jus avec le sucre, laissez réduire de moitié. Laissez refroidir et arrosez le sorbet de ce sirop, décorez de feuilles de menthe.

x 4
90 cl environ

/ Une île en Charentes /

Ingrédients

- 1 papaye
- 1 pomme acide (Granny Smith)
- 2 oranges
- 1/2 citron vert
- 10 cl de cognac

Rincez la pomme, épluchez les oranges et le citron à vif. Épluchez également la papaye en ôtant le plus gros des pépins. Passez le tout à la centrifugeuse puis parfumez au cognac, servez.

/ La saveur de la papaye, que j'aimais tant déguster aux Antilles, rehaussée d'une touche de cognac Bache-Gabrielsen, famille d'origine norvégienne. Un clin d'œil dans ce mélange tropique-scandinavie.
/ Servez accompagné de glaçons ou de glace pilée si vous souhaitez un cocktail bien frais. /

x 4
50 cl environ

/ Pastis piscine vitaminé /

Ingrédients

- 1 fenouil
- 1 pomme acide (Granny Smith)
- 10 cl de pastis

Rincez le fenouil et la pomme. Passez-les à la centrifugeuse, parfumez au pastis. Décorez de brins de fenouil et accompagnez, si vous le souhaitez, de glace pilée.

x 4 à 6

/ Cocktails pastis tomate positif-négatif /

Préparation : 10 minutes
Repos : 1 heure

Ingrédients

Positif :

- 50 cl de « pastis piscine vitaminé »
- 4 ou 5 tomates
- 1 branche de céleri
- sel de céleri

Négatif :

- 50 cl de « pastis piscine vitaminé »
- 4 ou 5 tomates
- 1 branche de céleri
- sel de céleri

Passez les tomates et le céleri à la centrifugeuse, parfumez au sel de céleri. Versez dans un bac à glaçons et laissez prendre au congélateur. Servez le « pastis piscine vitaminé » rafraîchi aux cubes tomate.

Procédez de manière inverse pour le « négatif » : confectionnez des cubes de glace « pastis piscine vitaminé », et réalisez un jus de tomate avec les autres ingrédients, que vous servirez accompagné de cubes pastis.

Pastis
RAIMU
J. Raimu
700 ml
45%
Elaboré par macération
à la Distillerie Janot
à Aubagne en Provence

Index des recettes

Remerciements

Merci aux artisans et producteurs qui travaillent « l'or de la terre », les fruits et légumes, ingrédients naturels pour vivre mieux ! Merci à Yves Delzenne et Laurent Naslot de Riviera & Bar pour avoir accepté d'appuyer ce projet de livre, en me permettant de redonner vie à mes souvenirs de « potions » naturelles, si chères à mon cœur depuis l'enfance. Aujourd'hui les outils créés pour rendre l'univers de la cuisine plus facile à vivre sont souvent l'opportunité de se nourrir plus sainement, si l'on sait comment et pourquoi les utiliser ! Hommage à Raymond Oliver, grand maître de la cuisine française qui, dans ses écrits des années 70, remerciait l'évolution de la technologie moderne en affirmant qu'elle n'était pas un mal, tandis que nombre de cuisiniers souhaitaient rester dans l'ère de l'outil à manivelle…

Je tiens à remercier mon éditeur, Jean-Pierre Duval, pour m'avoir permis de mener à bien cet ouvrage qui me tenait à cœur depuis si longtemps, et surtout d'avoir relevé le défi d'aborder de façon ludique un sujet aussi sérieux que celui de la santé.
Merci à Marie-Alexandre Perraud pour savoir mettre en textes mes recettes, ce qui me fait les aimer encore plus !
Merci à notre jeune et talentueux photographe, Valentin Duval, qui nous surprend toujours par sa fraîcheur d'esprit, ses idées de prises de vue très « techno high-tech ». Bravo !

Merci à mes amis et artistes talentueux, Laurent Émeraud (06 61 11 57 16) pour la création de mon atelier, Rolland Mellan (www.via.asso.fr) pour ses créations de mobilier d'art, Marie pour mes formidables tee-shirts (www.be-myself.net). Et aussi Christophe Deguillaume (06 86 46 84 31), mon peintre favori, Rolland Bellier (www.rolandbellier.20mn.com) pour ses sculptures de bronze et Nahmias Ceramicas (06 20 08 72 12) pour ses poissons en faïences.
Merci encore à Édouard Cointreau, toujours à mes côtés.

Merci aux artisans d'art qui m'accompagnent, en particulier IVV et ses verres.

Merci à Michel Oliver, mon maître et ma référence pour l'école du livre de cuisine.
Merci à ma maman Yvette pour l'inspiration et les conseils qu'elle prodigue.
Ce livre est – une fois encore mais ce n'est jamais trop – dédié à ma fille Alta et à tous les enfants ainsi qu'aux mamans et papas qui œuvrent chaque jour dans leur cuisine pour donner du bonheur !

Yvan Cadiou, sculpteur de goûts, www.yvancadiou.com

Directrice de collection / Marie-Alexandre Perraud
Conception graphique / Maevi Colomina & Romain Pages Éditions
Montage / Valentin Duval
Correction / Corinne Pradier
Photographies des plats / Valentin Duval
Photographies des préparations et ambiances / Jean-Pierre Duval

Photogravure / Pays d'Oc (Montpellier, France)
Impression / IGS (Tolède, Espagne)

Dépôt légal / juin 2007
N° ISBN / 978-2-84350-265-1

Romain Pages Éditions
BP 82030
30252 – Sommières cedex – France

Tel 04 66 80 34 02
Fax 04 66 80 34 56
e.mail : contact@romain-pages.com
www.romain-pages.com